الصُبح في بلادي

طارق التريري

Published by طارق التريري, 2022.

الصُبح في بلادي

First edition. June 10, 2022.

ISBN: 979-8223832317

Written by طارق التريري.

لعُشاق الشعر تحياتي واتمنى العمل ينول رضاكُم

طارق التريري

عشان تِقدر

يا مُستثمر وشُغلك
كُلو براني
تـهلب أد ما تقدر
يالاعب كوره تتمخطر
يارقاصه بتتغندر
يا إما مشخصاتي عويل
من اللي مواهبو تتقدر
في مسخ الجوخ وقول اكتر
يا فاهم فيها باع عِلمو
وقال خُلصِت وحاستحمر
عشان تقدر تعيش فى مصر
عشان تعرف تساير العصر
يا إما خلاص وتستحمل
الآم الكسر
دا غير الهبد فى ضلوعك
وغير العصر
وبرضو تئن وتدندن
نشيد النصر
وتدي تحيه للساده
ملوكها لمصر

أسير حرب

مش محتاج
انا منك حاجة
بس عاملنى
كأسير حرب
تلات طقات
ومكان فيه اريح
وتخف شويه
من الضرب
جتتى ورمت
احساسي بلد
وبادعى عليك
من جوا القلب
زى تعاني
تجرب همي
تكون في مكانى
أمين يارب
وتصبح لاجئ
جوا بلادك
وان معايشك
تصبح كرب
يجيلك ضغط
يجيلك سكر
ويمكن تتسهل
بالقلب
وما تلاقى حد
يعاملك حتى
كأسير حرب

المُهم الواسطه مين

مش مُهم إنك بتفهم
مُش مهم إنك أمين
المُهم الواسطه أكتر
والأهم الواسطه مين؟
ولو طريه أه يابختك
اتقبلت خلاص أمين
وقول لى عايز الشغل فين؟
وافتكر سلم عليها
واحنا حنبوس الإيدين
لما نتقابل ياسيدى
ايوه عارف ساكنة فين؟
دى المدام الله أكبر
صيتها زايد حبتين
واحنا اكتر شئ نحبو
في البلد دى الموهوبين
والنبى تسلم عليها
أُم كُل الموهوبين
سيبلنا العنوان مُش اكتر
والمرتب عايزو فين
عن طريق البنك ممكن
وعن طريق البوسطة طبعا
واللى أحسن
عند أُم الموهوبين
والنبى تسلم عليها
تبقى وتبوس الايدين

كلام

في بلدنا كل الارض
مزروعة بكلام
زارعينو واما بنعزقو
بنعزق كلام
ولما نيجى نسمدو
بيشبع كلام
بنكافحوا برضو م الآفات
بكتير كلام
والضُهر لما نزورو
نرميلو السلام
وبيبقى زاهي ومنتشى
وأخر تمام
من كتر شوقو
ولهفتو
باعت سلام
ولما نبدأ نُحصدو
بنلقاه كلام
ونلم فيه ونكومو
فشونة كلام
وبيجى تاجر يشتريه
من غير بكام
تاخدوا المصانع
تغزلو نلقاه كلام
والباقي منو نصدروا
لبلاد كلام
في البحر تغرق شُحنتو
وخلص الكلام

الحكايه بهوقت

الحكايه بهوقت
منك بجد
كُل يوم بتزيد غباوتك
كُل يوم فيه مُستجد
لم في دفاترك وولع
جايه لجنه وبُكرا جرد
لو جردنا؟ حتبقى كارثه
ومُش حينفد منها حد
والحكايه بهوقت
منك بجد
مُش حينفع نحنه
ودباديب وورد
هوجة الأحلام بتخلص
وانزل اسأل أي حد
محتاجين الأكل واكتر
محتاجين بطاطين واكتر
وانتا شايف
أد ايه الدُنيا برد
الحكايه بهوقت
منك بجد
والعصابه حتخترعلك
أي رد
سهله خالص
فيه مؤامره
وكُلنا لازم نجابه
كُلنا لازم نرُد
روح وجابه
انتا وحدك
واحنا مُش
ناويين نرُد

احنا سيبنا
الشورى ليكُم
والقياده لأي حد
ولما باديه
خلاص تبهوق
وانتهت بتقولوا رد
والحكايه خلاص بتخلص
بهوقت منك بجد
واحنا حنقضيها فُرجه
حلها وحاول تسِد
زي ماعكيتها وحدك
فُكها وتدينا رد

سيساوي

وأي سيساوى يتفلسف
يقول لك بكرة تتعدل
شاورلو وقوللو
يا معرض
كفاك تعريض
خربها وقال انا ديكها
وجفف في فراخها البيض
وحط النصبة ع الناصية
وقال لك خُش عالتوريد
وصبح يلا على مصرك
وشخشخ واملا يلا الإيد
وتستهبل يجيب اهلك
يوطوا يمصمصوا في الإيد

شخاره

معاك شخاره ولا اديك
تاخُدلك واحده وتشخر
ونام انتا أوي وارتاح
بدالك كُلنا نسهر
وقوم م النوم ونام تاني
ولايهمك وفيه أكتر
ولو تعبان بلاش تحلم
ح نحلم إحنا ونفسر
مُهم انك ماتتعبش
وتتفرغ كدا تشخر

أنا العربي

أنا العربي
أنا المصلوب
على عَلَمي
وعلى حلمي
وعلى ألمي
على كُل الطُرق دمي
ولا خالي
ولا عمي
ولا قارئ
ولا أُمي
إلا وامتطى خيلي
دبحني واستباح دمي
أنا العربي
أنا البغدادي
والحلبي
وانا اللي فمصر
متغمي
وانا اللي ف غزه
زاد هَمي
على ما تفوقوا
من نومكُم
ويوصلكُم صُراخ
أمي
وانا اللي عدني
متحاصر
مابين فارسي
وسابين ذمي
زمان كان جدو
بيصلي
وبيسبح وبيسمي

وانا العربي
فخليج العار
نسيت أهلي
نسيت دمي

أُغنيه وطنيه

يا ابو الدولار عشرين
وقلبتها معسكر
وماعادش فيه صالحين
إلا قضا و عسكر
الرز في البتارين
ومنين اجيب سكر
يا ابو الدولار عشرين
وما عادتش بتمطر
واتجمعوا الفاسدين
في حضرة العسكر
وادى مصر اهى بتكبر
ادى مصر اهى بتشيخ
اهى فاقت الدنيا
وداخله عالمريخ
يا ابو الدولار عشرين
يا ابو الكلام لين
يا منيم الملايين
ياحلو ياحنين
لا الاقتصاد مكلمة
ولا التاريخ هين

فى المنافي

أنا اللى طيوري
بتهاجر
في كُل الأرض
وتسافر
وب تعاني وبتكابد
وبتساير
في لُقمة عيش
ومن قوتها توفرها
وتبعتها
تلاقى مافيش
لا قادرة البت تتستر
ولا قادر وليدي يعيش
أقولك محتاجين مصنع
تقولي لأ حنبنى جيش
وأقولك محتاجين نزرع
تقولى لأ حنزرع جيش
وأقولك محتاجين معمل
تقولى لأ حنعمل جيش
وأقولك محتاجين مغزل
تقولى لأ حنغزل جيش
ياسيدى وكفاياها عيش
وترضى عنى
وكلابك ماتنهشنيش
أنا اللى طيوري بتهاجر
لكُل الارض يافاجر
وبنكابد ونتألم
نحايل الجوع
ونتحزم
لحد مابكرة تتعلم
وافرقهم

في كل الارض
وابص لصحابي
واتبسم
ح نعمل ايه؟
اهو أحسن من القهوة
بلدهم مش بلدنا دى
كويس انهم فيها
سابونا نعيش
أنا اللى طيوري
بتهاجر
لكل الارض
يافاجر
تمسى وتصطبح بالهم
وتسكب من عيونها الدم
وتمضغ وياقوتها الغم
ومستنيها تبعتلك
عرقها تكنزوا وتلم

إحنا

أكيد ا حنا
ومين غيرنا
يشيل الطين
ويتكدر على الصفين
واغلى طموحة يتحقق
بجيب مترين
وتتسهل أوى تفرج
نلاقى خزين
شوية تبن نتعشى
مع سجارتين
ونجهز نبدأ السهرة
نشوف على مين
حيرموا حملنا الليلة
أكيد برضوا علينا احنا
مش التانيين
وسمنة وزيت
واهو سكر
وخبز نضيف ومتعطر
يروح لنقابة الواصلين
وفجأة يتملى بقك
بنغمة بذيئة
ثم أنين
وتبدء لطم
في صداغك
ب إيدك مُش
إيدين تانيين
يالهوى
والحقى يا امه
تكون أُمك
مع النايمين

بتحلم بكرة
تتسهل
ويرضوا يصرفوا
التموين
وتتمطع أوى وتصرخ
حاغير م القناه ياحسين
وتتفاءل أوى انجزت
ما برضوا فيه
هناك تانيين
بقالهم قرن وزيادة
وبرضوا لسه
مش عارفين
يخلونا هنا معاهم
يا اما يشوفوا
ناس تانيين
وعمر مجالسي
ما انتخبت
غير الفاسدين
ومين غيرنا
يلوموا مين
ما اهو احنا
سببها للنكسة
واحنا منابع
الفاسدين

أي حد

من بلاد
الأى حد
يخُش يعمل
أي حاجه
في أي حته
لأي حد
المُهم يكونلو حد
بس حد
يكون بجد
حد جامد
حد واصل
حد مُش
محدودلو حد
حد مش زيك وزى
م اللى ليهم
في البلد دى
خطوط وحد
م البلاد دى ليك سلامى
والتحية لأى حد
إلا ل اللي
مالوهش حد
التحيه فيه خُساره
لحد مايلقالو حد
حد م الناس اللي هيا
مُش هاممها أي حد
وقتها نبعت تحيه
والتحيه معاها ورد
ونباركلو اتفك آسرو
والتقالو فيها حد
يسندو ويشد أزرو

ويبقى زي الأي حد
م اللي سايبينهُم علينا
ومُش هاممهُم أي حد

الصُبح فى بلادي

في بلادي لما الصُبح يطلع
تعرفو
وتشمو فى ريحة البيوت
وبتسمعو تراتيل صلاه
طقات سِبح
دعوات ب إن اليوم يفوت
فى بلادي لما الصُبح يطلع
ترسمو تتنسمو تتبسمو
حكايات غريبه
تموتك م الضحك موت
فى بلادي لما الصُبح
يطلع يقلقك
ساعة المناهده كُل يوم
العيش يابنت
يا حبيبي قوم
تعلى المناكفه ونبتدي
انا عايز اغيب
طب بس ليه؟
هوا كدا
اشمعنا انا
اللي مُش ب اغيب؟
يارب يلغوا المدرسه
ويارب اموت
فى بلادي لما الصُبح يطلع
تعرفو
وتعيشو زحمه
ف ميكروباص
ياعم يلا دول كم محطه
وقفه وخلاص
وناس بتنحت فى الرصاص

حلمانه تتستر البيوت
فى بلادي لما
الصُبح يطلع
تعرفو
وتغمسو فول بالطحينه
وبصله وبتحبس بشاي
والماتش إمتى؟
متذاع أكيد؟
تبقى تمضيلي انصراف
والعُذر ايه؟
جد ابن خالتي
بيفكر يموت
فى بلادي لما
الصُبح يطلع
تعرفو
بكلام كتير
دا كان قلبو أبيض
دا كان أمير
دا انا لسا شايفو
من يمكن يومين
فى عزا ام يُسري؟
لأ ما روحتش
شفتو فى ماتش المُنتخب
هيا ماتت؟
انتا مُش بتقول قريبتك؟
ولا جوزها طِلع معاش؟
ما اقصُدش حاجه ياسيدي
ركز فى العزا
رُبعين ونخلص
شايف العزا
شكلو كلفهُم كتير؟
مهما كلف

هوا كان كانز شويه؟
ايوا دا غير البيوت
فى بلادي لما الصُبح يطلع
اقولك ايه؟
طوابير كتير
وألف استعاذه
من اللي جاي
وأماني
تتسهل بقوت

ب اخاف

ب اخاف مني
ساعات جداً
وما ادينيش
أمان ابداً
ولا اسيبنى
على راحتي
لأني مبلي
بصراحتي
وعشقي للحقيقه
غير
واخُدني ساعات
على أدي
واقول معلش
نتحمل
اقول نُصبُر ونتجمل
خلاص هانت حتتعود
وباستصعب ولا اكمل
وبارجعلي
ووحدي أسير
فبلقاني وكالعاده
حزين جداً وبزياده
حنين فيا بيتمادى
أوقف خطوتي واسكُن
وابطل سير

العيون

بعرف أفرزهم كويس
وفى العيون انا اصلى كيس
اللى كرهه بيبقى طافح
يبقى باين يبقى واضح
واللي متأنى وبيغزل
ألف دوامة فعينيه
خبث ايه؟ ومُكر ايه؟
بابقى مش طايق أكمل
بابقى مش طايق عينيه
باعرف افرزهُم كويس
وفى العيون أقدر أميز
عيون بتفتح بابها
وتقولك واحشنى
من زمان
نفسي تأنسنى
شرفتنى وفتحت نفسي
حقيقي ياه تتكحلك
مع إنها بتكون
دى أول صدفه
في دروب الحياه
وعيون بتقفل بابها
وتقولك بعيد
خليك بعيد
ما فيهاش ونس
ما فيهاش جديد
تحلم ساعتها
تكون دى أخر سره
إنك تلتقاه

البدايه مصر

حلاج قصايدك انا
وغازلها شبر بشبر
حُبك يا خدني السما
يا دخلت فيكي القبر
يا معلمه للكون
يا معطره للدهر
يا قبل قبل الزمن
يا بعد بعد الطُهر
الدُنيا كانت سَحَر
كُنتي انتي بعد الضُهر
ما يعرفوش القمح
وانتي بتروي الزهر
يا خالده يا باقيه
مهما يمُر الدهر
مهما الزمان انتحب
أو مهما جاب مُر
أغلى ما عندو برونز
وارخص ماعندك دُر

الحنين

بيا خُد نى الحنين
د ايماً
وب انقُش قلبى
في اعتابك
وبارسمنى
على بابك
كصُحبة ورد
وتنسي حتى تروينى
وباستغرب
ده كلو عشق
في قلبى
وقلبك جدب
بياخدنى الحنين
دايماً
وب انقُشنى
في شبابيك
ألوف عصافير
بتشدى في
بها عشقك
وتنسي حتى ترميلي
شوية حَب
وب استغرب
د ا كلو عشق
في قلبى
وقلبك جدب
بيا خُدنى الحنين
دايماً
وانور فيا قنديلك
واناديلك بأ على صوت
ندايا يموت

وتنهى فيا ترتيلك
وتنسي حتى تهد يني
لأقرب درب
وب استغرب
د ا كلو عشق
في قلبى؟
وقلبك جدب
بيا خُدنى الحنين
دايماً
وادور فيكي
عنى نفسي
أفتش في دروب
روحي
واقلب في كراكيبي
لو أقدر لحظة
بس اهرب
من الطوفان
لوأقدر لحظة
وتغيبي
ياما سكة
في تلابيبي
وتنسي حتى
تدينى
أمل في الحُب
وبا ستغرب؟
د ا كلو عشق
في قلبى
وقلبك جدب

رتوش

لعب الزمان لعبتو
ورسمها على الوشوش
مغارات كتير
وكهوف كتير
وبقت رتوش
وسنانه بتعافر
ياوجهها معقوله تنكرني؟
معقول ما تعرفنيش؟
واتهيأت اعذار
أصل الحياه
ومشاغل الدُنيا
وانتا كده ازيك؟
ورجعت من إمتى؟
شُفت العيال كبروا
وضجيج كتير
لكني مُش سامع
غير الكمان فيا
نازف وبيكابر
وسنين كتير مني
وقعت وبتسافر
وصوت بعيد فيا
وهمسو كان ساخر
لسا الحنين جواك
ما قدرش يتاخر
لحاجات كتير جدت
جابت من الأخر
ومسحت دمع كتير
وضحكت ع الأخر
يبقى خلاص خُلصت
نبدء بقى نسافر

كُل الفصول هاجرت
جابت من الأخر

ساعات

ساعات كتيره باستسهل
واخبى حلمى جوايا
وأقول لأ كده أحسن
وزي زي كُل الناس
وانا مالي؟
وباحزن وانقهر منى
ساعات كتيره
باستسهل
واخبى حروفي لساني
وإنساني بيجلدنى
مُش انتا ده؟
أمُط شفايفي
واستغرب
وأقوللو هه
ساعات كتيره
برتا حلى
وبافتحلى
ببيان الشوق
وادخلني
مداين عشق
سهرانه
وونسانه
بلاها شروق
وخليها نايتنا تروق

زارع قصب

لا انا اخوان
ولا عاشق العسكر
ولا في العلم
اخدت الماستر
بس اكيد ب افهم
فيالُسكر
ب تزرعوا بلدى
وبتجمعوا بلدى
وب تحصدوا بلدى
وبتعصروا بلدى
وبتصنعوا بلدى
وبتشحنوا بلدى
وبتخزنوه انتو
وبتبيعوه انتو
وبتسرقوه انتو
ويغتنى ماستر
من ضمن مساتركم
وبراءة محكوملو
بنصوص دساتيركم
ولو انفتح بقى
انا تهمتي جاهزة
برضو بدساتيركم
ايوه اكيد اخوان
والله مُش اخوان
لكنى مش عاشق
برضو لعساكركم
ولا أكيد فاهم
في نصوص دساتيركم
ولا أكيد علمي
حيفوق مساتركم

لكن لحظي الشؤم
بزرع في سكركم
فـ لانا اخوان
ولا عاشق العسكر
لكن بازرع
قصب السُكر

شباك الحلم

شباك الحلم
اديلو كتير مقفول
صبارو بقالو كتير
مُشتاق لمطر
لا كمانك عزفو
يبل الريق
ولا عادت غنوه
تهز وتر
وضفاير ست الحسن
قاتلها سكون الريح
لا بقت حواديت
ولا عاد فيه سمر
شباك الحلم
اديلو سنين مقفول
وحكاوى كتير
بتطول وتطول
عن غُربه وحلم
وشوق بلقا
لو بس يتم
الحلم حقيقي
ويبقى القلب حجر
لو بس تبطل
روحي سفر
في ممالك صمت
ناسجها الليل
وراسمها مداين
حزن تقيل
تستنى قمر
يُبدر اغانيه
على وش الكون

يملاها بشر
ملايين في مداين
ذكر مليها الوجد
نشوانه بتروي
سحاب الشوق
اغصان ألوان
وبتحى وتر
شباك الحلم
اديلو كتير مقفول

شوق

كُل لحظه الشوق
بياخُدني لبلاد
مشتهي لحظة رجوعك
منتظر ساعة الميلاد
لما فرحي يشب فيا
وأقدر اتسند عليه
وافتحو على أد عزمي
باب بيفتح ألف باب
أشواق وعشق
وحلم بادئ خطوتو
والوا كتيره بتترسم
على أد شوفك
في المدى
وميدان وسيع
على أد صوتك
وسعو بيردد صداه
أنغام شجيه وحلم
بيطبطب عليك
ويصُب في قلبك
الاف المداحين
نابته القصايد فيك
وفايح عطرها
افتح بيبانك واملا
كُل الكون فرح
طول عُمرها
ساكنه الأماني فيك
وفارده قلعها
لسفر طويل
وانتا اللي عُمرو
ما ريحك مينا

ولاتعبك سفر
الحلم يخلص تاني
تطرح غيرو
تسقيه من نداك
تكتم أنينك فيك
وبتشِد الخُطا
لبلاد معانده حلمها
غاويه الغياب
وتعود وفاضك خالي
حاضن المُستحيل
تلقى البيوت فاتحه
على قلبك شبابيكها
وباهت ضيها
طرحت سكوت
مقتوله عشق
بتنتظر دقة إيديك
بتشد إيدك تنتشي
ويعلا النشيد
وتعود تلم الحلم
تاني تهدهدو
تغسل في روحو
وتندي عليه
وتشد فيه
بعيدان ضلوعك
تسندو قرب يقوم
قرب يقوم

لو لك مزاج تفهم

لو لك مزاج تفهم
أهلا ياعم الحاج
لو ناوى تفلسف
سلام ياروح أُمك
مش طالبه هى زهق
ولا طالبه تحاليلك
شايك ومع السلامة
اتكل
نقطنا بسكاتك
غرقتها وقاعد
تجُخ حكاياتك
نورتنا ياسيدى
يلا بقى أرغى
اتفضل اتفزلك
اتنيل اتسهوك
اطُرش وسمعنا
كلام مالووش معنى
وأخرة بطولاتك
كُنت فين؟
كنت فين؟
لما كان الدم
واصل للرُكب
مالي الميدان
لما كان الزهر فارش
ضحكتو فارد العيدان
لما كان الفجر لسا
بيبتدى دق البيبان
كُنت لسا ع الحياد
كُنت ابعد م الحياد
كنت بتبوس الجزم

رؤيتك؟ هأو
ما نجيلكش ف رؤيه
ياعم الرؤى
كُل ثانية بتبدل رؤى
فارس أوى لما الصباح
بان في الميدان؟
ورقيق أوى لما
الصبايا بتتسحل؟
مبرووك عليك
لون الزبيبه
ماشي مع الجاكت
ومع الجماعه
الخير كتير
ما أقصدش حاجة
ياعم الرؤى
وهوا انتا يعنى صبرت؟
في ثواني بدلت الرؤى
مش دى البياده؟
وبرضو ده حُكم العساكر؟
ولا دى ماكنتش
برضو رؤيتك؟
ع العموم انستنا
ولو كانلك مزاج تفهم؟
اهلا ياعم الحج
ولو ناوى تتفلسف
سلام ياروح أُمك

ملعون أبوه العشق

ملعون ابوه العشق
ملعون ابوه الهوى
في عز عز الضُهر
خد منى قلبى وغوى
وصرخت ياصاحبى
ووجع الضلوع صاح بى
رجع الندى وصاح بى
في العشق صاحبك هوى
لا فُقت انا م العشق
ولا صاحبي لاقى الدوا
ساعات بنتقابل
في دروب آسارى الهوى
أوقات اشاورلو
أوقات بيذكُرنى
وكتير يزيد الجوى
مشغول بأحوا لو
غرقان أنا في عشقى
ويطول مابينا النوى
ملعون ابوه العشق
م انا كُنت في حالى
باقابل العُشاق
اقول وانا ما لى
وجعى على ادى
ونومي بيحلالى
لكن كده فجأة
قالى تعالالى
وآسرنى في دروبو
سكنت موالي
على اد كُره السهر
أمسى بيحلالى

زدنى في غرامك سهر
زدنى ويهنالى
أغزل ساعتو غزل
ولامنو يبقالى
إلا انتظار الفجر
وياريتو يهدالى
ويشرق في قلبى يوم
ويعلى أمالى
قرب خلاص الوصل
وباديه تحلالى
ملعون ابوه العشق
ملعون ابوه الهوى
وازاى ما قابلنيش
من لحظة الميلاد
وازاى يسيبنى كده
اطوى بلاد وبلاد
من غير ما يدي العهد
ولا احفظ الأوراد
انوى السفر مكناس
والاقينى في بغداد
موسوم في دمى الوجع
مالي الليالي سُهاد
واقول خلاص قربت
يسكُني تانى بُعاد
مواعيد كتير تطرح
ولا مرة دُقت حصاد
ولاحتى بل الريق
ولا نلت منو مراد
مسكين مايروينى
غير ونسي بالأوراد
درويش كاويه الوجد
هايم في أي بلاد

ملعون ابوه العشق
زودها ع الاخر
خدني كده ف سكتو
علىطول انا مسافر
ما عرفش انا مأسور
ولا انا الأسر
ابو الفوارس انا
ولاحد يغلبني
رمش الجميل
شلني
وجاب من الاخر
ملعون ابوه العشق
واوعوا تقولولو
قاعد بسايس فيه
لحد ما انولو
وخايف يهد الحلم
من قبل ما اطولو
وان كنت مره غلطت
في عرضو انا وطولوا
يحسبني في المجاذيب
يناولني ارغولو
ملعون ابوه العشق
وبقولها بصراحة
لكن وبالراحه
مرعووب ليسمعنى
ويقسى يرجعني
تانى لقبل العشق

حنين لعنيك

وناداني حنين الشوق
لعنيك
وفتحت بيبان الذكرى
سرحت
اصبحت مداين شوق وحنين
لمستني سحابة عشق
طرحت
اشواق وأغاني وهمسة ليل
لمراكب ناعسه فحضن
الشط
وناداني حنين الشوق
لعنيك
فنسجت مشاعري
لبستها توب
وحضنت ناياتي وقلت
يادوب
لحنين أو لحن وأرُد اتوب
مااقدرتش اسكت فيا اللحن
ولا قدرت فيا ناياتي تتوب
وناداني حنين الشوق
لعنيك
فهمست لنفسي
وقلت خلاص
انا اسير درويش
في مداين الوجد
الملم كل حروف
العشق
واطوف الارض
جهزت مباخري
وقلت ياذكر

وف ثانيه لقيت
المولد فض

ونادانى حنين

الشوق لعنيك
نزلت في قلبي دمعتين
لساك بتزرع ف الحنين؟
لساك بنستنى الغُنا
يداوى الجراح
بُص ف مرايتك
مش مصدق طُلفيك
طل والمح
أد ايه مرت سنين
قمت باتسند عليا
شفت شمس المغربية
رايحه ومعاها السنين
فجأة وصحيت م الحنين

سِني

وبادارا كتير م النـاس
وب ادارا كتير منى
لأني وفي ساعات الصدق
بكون مضطر اقول سِنى
لو أقدر اهزها شويـه
واداری كام سنه فيا
ملامحى بتستغِيث منى
وباتبسم صباح الفل ياعُمرى
شردت بسرعة واستعجلت
ومكنت الزمن منى
وبفرحلى كده لحظات
وبحزنلى كتير منى
سامحني بشده ياسنى
لأ نى يادوب صحيت منى
وضيعتك معايا كتير
وغربتك معايا كتير
ومش ب ايدي ولكنى
يا دوبك بافتكر سني

مَشي حالك

يا إما تمشي حالك
تأنسنا ف دي البلد
أو هُس تسد بُقك
وتغور شوفلك بلد
يا تعيش كدا زي أهلك
يا إما تموت كَمَد
مُش عاجبك هاتي وازعق
واُصرُخ احدُاً أحد
طريقتنا دي فبلدنا
وعجبانا دي البلد
من جد جدود جدودنا
ومن قبل ماتتولد
ماشيه بنفس الطريقه
وحتفضل للأبد
والحال دايماً عاجبنا
وعاجبانا دي البلد
ملايين للتُربه راحوا
ملايين راح تتولد
فيإما تمشي حالك
أو غور شوفلك بلد

وساعات ب استغرب

وساعات ب استعرب من قلبى
فاتح شبابيكو على البحري
وبيعزف كُل ناياتو بشوق
ويسابق اى نهار طالع
ويكونلو شروق
وب يفتح كُل بيبان الحلم
لأيُها حد
ويقول حتروق
ويغازل كل ورود الكون
ويهيم في هدوء
ومشاعرو تصدق أيُها حلم
مسكون على طول
بهوا المعشوق
وصهيل الخيل
جواه مُشتاق
والعشق كأنو حسام
ممشوق
وساعات بيئن كطير
مدبوح
وبيقفل كل بيبان الفرح
وبابص في صدرى
القاه مشنوق

إنـهيـار

ووصلت حد الإنـهيار
والحلم موت مُش انتحار
مش ضعف منى أو فرار
أنا بس مرتاح للقرار
وعشقتو وبكُل اختيار
وبإيدي بانحت
في الجدار
وباعدى وبازيح الستار
ولا فيا دهشه ولا انبهار
يابس ياشوقي للحياه
وماعادش يبهجني النهار
والحلم كاره اكملو
وما بقاش هممني الإختيار
ووصلت حد الإنـهيار
وبقيت اصلى
بكُل شوق
ينفض شادري
خلاص وافوق
تنزاح همومي
خلاص واروق
ويتنادى إسمى
تعالى فوق
واتهد سجني
اتفك طوق
ونهيت ظلامي
بديت شروق
وبكل فرحه
طلعت فوق
وعديت حدود الإنـهيار

خلاص يا قلبي

وخلاص ياقلبي
ما عادش فاضل
حاجه منى
غير رتوشي
وانشغالى بكتم أنى
وغير شوية صبر
بادهنهُم واحنى
وغير شويه ملح
في جروحى تألمنى
وحلمى كلو تلتئم
ويخف آنى
وف ساعات الشوق
ياخدنى
واقول اغنى
تدبل الاوتار في روحى
وترتعش وتصدى منى
تبتسملى تقول سامحني
من زمان جواك ساجنى
وافتكرت الحين تغنى؟
لحنى فيك شابت ملامحو
والحُروف مسلوبه منى
ومُش فاضلى نغمه تفرح
اللى باقي فيا آنى
لو تحب انا مُمكن اصرُخ
بس مُش ح أقدر اغنى
الغنا فيا معاندنى
واللى فاضل ليا أنى
سبني اغنى
لروح جديده
حد مخلوقلي

يلائمني
حد لسا الحلم
ساكنو
حد مش منك ومنى
ف ابتسمت
و غصب عنى
نز عت كل جدورو منى
ونزف قلبى بيألمنى
و ابتديت أغرق في آنى
خلاص ياقلبي
خلاص ياقلبي
ما عادش فاضل
حاجه منى

المحتويات

Don't miss out!

Visit the website below and you can sign up to receive emails whenever طارق التريري publishes a new book. There's no charge and no obligation.

https://books2read.com/r/B-A-KEUT-SYTYB

BOOKS 2 READ

Connecting independent readers to independent writers.

About the Author

منشوراتي

- <u>في بلاد الأي حد</u>
- <u>قلبي اللي عشقك</u>
- <u>إنفصامستان</u>
- <u>وجع القصيده</u>
- <u>كُل العساكر كدابين</u>
- <u>الصُبح في بلادي</u>
- <u>شباكي الفاتح</u>
- <u>سُلطان العاشقين</u>
- <u>قُليل لما باشتاقلي</u>
- <u>دوايرك</u>
- <u>دم الحُسين</u>
- <u>على باب الله</u>
- <u>صباح القُدس</u>
- <u>عند باب الحلم</u>
- <u>لماكانت مصر دوله</u>

ذكريات الميدان
التُهمه عربي
Read more at tarqablog.blogspot.com.

www.ingramcontent.com/pod-product-compliance
Ingram Content Group UK Ltd.
Pitfield, Milton Keynes, MK11 3LW, UK
UKHW040029200726
13854UKWH00001B/426

9 798223 832317